COMMENT TIRER PARTI
D'EXCEL ?

— Comprendre et maîtriser le tableur de Microsoft en 10 fonctions

par Priscillia Mommens-Valenduc

50MINUTES

COMMENT TIRER PARTI D'EXCEL ?

- **Problématique ?** Comment gagner en efficacité grâce aux fondamentaux du logiciel de la suite Microsoft Office ?
- **Utilité ?** La maîtrise d'Excel est devenue un prérequis de choix dans le processus de sélection des candidats à l'embauche. Mettez donc toutes les chances de votre côté en vous familiarisant avec ce merveilleux outil !
- **Contexte professionnel ?** Les connaissances informatiques.
- **FAQ ?**
  - Comment trier les données d'un tableau Excel ?
  - Comment filtrer les données d'un tableau Excel ?
  - Pourquoi Excel n'affiche-t-il pas correctement les dates ?
  - Comment personnaliser les cellules dans Excel ?
  - Pourquoi Excel affiche-t-il #### dans une cellule ?
  - Peut-on figer des lignes ?
  - Comment s'arrêter en cours de saisie d'une formule ?
  - Peut-on sécuriser les données d'un document Excel ?

Élément essentiel de la célèbre suite Microsoft Office, Excel se révèle un outil extrêmement pratique, tant dans le milieu professionnel (pour la réalisation de vos tâches de bureau) que dans la vie de tous les jours (pour la gestion de votre budget ménager, par exemple). Dès l'instant où vous en aurez acquis les bases et mesuré l'étendue des possibilités, vous ne pourrez probablement plus vous en passer. Révolu le temps des opérations mathématiques gribouillées à la va-vite sur un coin de page ! En quelques clics, vous réalisez des feuilles de calcul nettes et structurées, vous dressez des tableaux de données entièrement personnalisés et vous concevez des graphiques d'une clarté saisissante.

Depuis sa première version, en 1985, Excel est parvenu à s'imposer comme la référence en matière de manipulation de données dans le secteur de la bureautique. Un statut que le logiciel doit à la fois à ses performances, à sa fiabilité et à sa facilité d'utilisation. Au sein d'une entreprise, le programme s'emploie à tous les échelons : il aide le directeur commercial à suivre les contrats de vente ; permet au service financier d'établir les prévisions budgétaires ; assiste les ressources humaines dans la gestion des congés du personnel, etc. Rien d'étonnant donc à ce que le tableur soit aujourd'hui adopté par la quasi-totalité des employeurs et de leurs employés, et fasse désormais partie intégrante du monde du travail.

Dans ce contexte, la maîtrise d'Excel s'avère un atout de taille dans le cadre de la recherche d'un emploi, pour ne pas dire une condition *sine qua non* ! Nombre de sociétés procèdent d'ailleurs à un test des connaissances en la matière au cours du processus de recrutement. Il serait dommage de compromettre vos chances à l'emploi en échouant à ce genre d'examen. Ne voyez donc pas la place de vos rêves s'envoler et faites pencher la balance en votre faveur en vous familiarisant avec cet assistant ô combien précieux !

B.A.-BA DU NOUVEL UTILISATEUR

EXCEL AU TABLEAU D'HONNEUR

Microsoft Excel – pour reprendre son nom complet – est un tableur, c'est-à-dire un programme informatique de création et de manipulation de tableaux numériques. C'est en 1985 que l'éditeur Microsoft commence à distribuer le logiciel, trois ans après la commercialisation d'un prototype, nommé Multiplan. Compatible sur Windows comme sur Macintosh, Excel s'impose d'emblée comme chef de file dans le secteur des tableurs-grapheurs, en tant que concurrent direct de Lotus 1-2-3 de la suite d'IBM.

Cette pole position, Excel la doit à ses innombrables atouts, tels que la possibilité de créer facilement des feuilles de calcul sur mesure. Les entreprises ont ainsi l'occasion d'adapter leurs tableaux de données à leurs besoins spécifiques, sans obligation de se conformer à un modèle figé. Simplifiée à l'extrême, la manipulation des données offre un éventail d'options de tri et de combinaisons. Il est possible de reporter ces données sous la forme de graphiques d'une grande clarté, eux aussi, entièrement personnalisables. Le tout, en seulement quelques clics !

APPRIVOISER L'INTERFACE D'EXCEL

Avant de se lancer dans le traitement de données à proprement parler, il est nécessaire de maîtriser quelques concepts fondamentaux sur Excel : familiarisez-vous sans plus attendre à son interface utilisateur, c'est-à-dire au dispositif permettant à un utilisateur de manipuler un logiciel.

À NOTER

Le présent ouvrage se base sur Excel 2013, dernière version disponible au moment de la rédaction.

Dans les coulisses du tableur

- **Les feuilles de calcul** : un fichier Excel se présente sous la forme d'un classeur. Chaque classeur comporte une ou plusieurs feuilles de calcul, organisées en onglets (visibles au bas de la fenêtre). Vous pouvez en ajouter autant que bon vous semble en cliquant sur le petit « + » à droite de l'onglet. Il vous est possible de renommer les feuilles en double-cliquant sur le nom de l'onglet correspondant.
- **Les cellules** : une feuille de calcul se compose de colonnes, classées par ordre alphabétique, et de lignes, numérotées. Ces lignes et colonnes s'entrecroisent pour former des cases : les cellules. Une cellule s'identifie au moyen de son adresse : cette coordonnée s'exprime par la combinaison de la lettre de colonne et du numéro de ligne (exemples : A1, A2, B1, etc.).
- **La barre de formule** : surplombant la zone de la feuille de calcul, elle vous permet de consulter et d'adapter les informations d'une cellule donnée.

A1	▾	f_x	

> ### À NOTER
>
> On emploie le terme générique « valeur » pour désigner le contenu d'une cellule. Cette valeur peut revêtir différentes formes : il peut s'agir d'un texte, de chiffres ou encore d'une formule, soit une équation, dont Excel calcule automatiquement le résultat. Dans ce dernier cas, la cellule proprement dite ne dévoilera que le résultat généré, tandis que la valeur réelle de la cellule (la formule) sera visible dans la zone de contenu. Aussi, prenez d'emblée l'habitude de vous référer à cette zone pour la consultation, la validation, la modification ou la suppression d'une entrée.

- **Le ruban** : organisé en onglets, il présente une série de boutons de commande, correspondant aux actions les plus fréquemment effectuées.

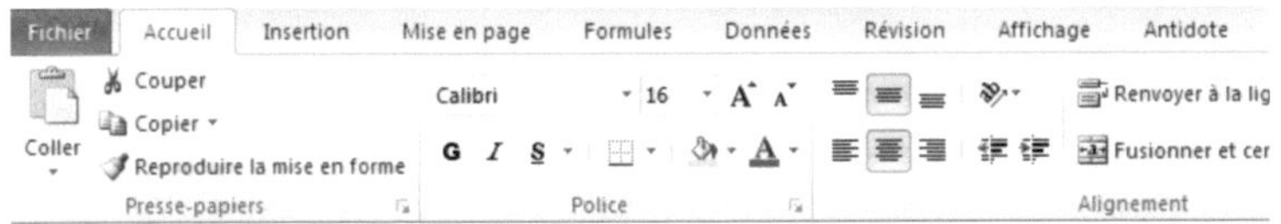

- **La barre d'outils Accès rapide** : située dans le coin supérieur gauche du ruban, c'est une autre rangée d'options mise à votre disposition. Vous pouvez la personnaliser en y paramétrant les fonctions que vous utilisez le plus.

MANIPULATIONS DE BASE

Facile à saisir !

Excel offre plusieurs options pour la saisie de données. La plus simple consiste à taper les valeurs au clavier, cellule par cellule. Validez ensuite soit via la touche Enter pour passer à la ligne suivante, soit via la touche Tab pour passer à la colonne suivante.

Lorsque vous entrez des valeurs chiffrées ou textuelles dans une feuille de calcul, Excel les conserve en mémoire et les assimile. Aussi, lors de la saisie, le logiciel vous propose automatiquement les entrées déjà renseignées et correspondantes aux caractères que vous tapez. Il ne vous reste qu'à sélectionner la proposition adéquate, le cas échéant. Cette saisie semi-automatique vous fera épargner un temps considérable.

De la même manière, vous pouvez retrouver une valeur déjà renseignée en amont par un clic droit dans la cellule concernée, puis en sélectionnant « Liste déroulante de choix ». Cliquez tout simplement sur la valeur qui vous intéresse.

Une poignée pour un fameux coup de main

Excel vous permet également de recopier des valeurs sur une même ligne ou colonne en un tour de main, grâce à la poignée de recopie. Commencez par sélectionner les cellules que vous souhaitez copier. Placez ensuite votre curseur dans le coin inférieur droit de la dernière cellule de la sélection : il prend alors une apparence de croix noire. Maintenez la touche Ctrl et faites glisser le curseur tout au long de la ligne/colonne vers laquelle vous souhaitez copier les valeurs. Relâchez, et le tour est joué !

Mais l'ingéniosité de la poignée de recopie ne s'arrête pas là ! Cet outil permet aussi de créer des séquences. Ainsi, si vous entrez les premières valeurs d'une suite logique, Excel complète automatiquement cette dernière. Ce procédé est appelé la recopie incrémentée.

Illustration par l'exemple

Entrez la valeur 1 dans la cellule A1 et 2 dans A2. Sélectionnez les deux cellules, puis positionnez votre curseur dans le coin inférieur droit de A2 pour activer la poignée de recopie (croix noire). Faites ensuite glisser le curseur jusqu'à la ligne 10 et relâchez : Excel complète automatiquement les numéros 3 à 10. La même opération appliquée à la valeur initiale « lundi » vous donnera les sept jours de la semaine, de même que les 12 mois de l'année au départ de la valeur « janvier ».

LE SENS DE LA FORMULE

Si Excel s'avère très utile pour la création de listes de données, tout l'intérêt du tableur réside dans l'établissement de relation entre les différentes cellules de la feuille de calcul. Pour ce faire, le logiciel repose sur des formules, concoctées par vos soins ou prédéfinies.

Une formule est systématiquement précédée du signe « = ». C'est la présence de ce signe qui ordonne à Excel de procéder à l'équation, ne l'omettez donc jamais ! Pour exprimer une formule, vous disposez de plusieurs opérateurs mathématiques :

- \+ pour une addition ;
- − pour une soustraction ;
- * pour une multiplication ;
- / pour une division ;
- ^ pour une puissance.

Sur cette base, vous appliquez la formule à une cellule donnée en utilisant l'adresse de cette dernière.

Illustration par l'exemple

	A	B	C	D
			f_x	=B2*C2
1	Article	Prix unitaire	Quantité	Total
2	Stylo	1,20 €	10	12,00 €

Pour calculer le montant total par article commandé (D2), nous multiplions le prix unitaire (B2) par la quantité commandée (C2). Ce calcul se traduit par la formule =B2*C2, que nous entrons dans la cellule D2.

Résultat : le produit 12,00 € s'affiche en D2, et la formule reste visible dans la zone de contenu.

Illustration par l'exemple

C2		f_x	5	
	A	B	C	D
1	Article	Prix unitaire	Quantité	Total
2	Stylo	1,20 €	5	6,00 €

Dans l'exemple précédent, nous remplaçons la quantité 10 par 5 dans C2. Excel ajuste automatiquement le résultat : 6,00 €.

Lorsque vous utilisez la poignée de recopie pour copier une formule dans une colonne, Excel adapte automatiquement l'adresse de cellule à chaque ligne respective. On parle alors de références relatives.

Illustration par l'exemple

D3		f_x	=B3*C3	
	A	B	C	D
1	Article	Prix unitaire	Quantité	Total
2	Stylo	1,20 €	5	6,00 €
3	Gomme	0,50 €	5	2,50 €

Nous copions la formule de la cellule D2 vers D3 via la poignée de copie. Excel ajuste automatiquement la valeur de D3 en fonction des références relatives B3 et C3.

DEVENIR UN CHAMPION EN DIX FONCTIONS

Si Excel vous offre la liberté d'élaborer vos propres formules à l'aide des différents opérateurs mathématiques, il met aussi à votre disposition toute une série de formules prédéfinies : les fonctions.

À l'instar d'une formule traditionnelle, une fonction est systématiquement précédée du signe « = ». Enfin, entre parenthèses, vous renseignez les valeurs sur lesquelles porte la fonction et permettant de déterminer le résultat. Ces éléments sont appelés les arguments de la fonction. Attention : n'insérez jamais d'espace entre les différents arguments d'une fonction, au risque de la rendre invalide.

Pour consulter l'intégralité des fonctions proposées par Excel, cliquez sur : Formule\Insérer une fonction ou sur le bouton « fx » dans la barre de formule. Elles sont classées par catégorie (maths & trigonométrie, statistiques, logique, etc.). Dans le présent chapitre, nous avons isolé dix d'entre elles, que nous jugeons élémentaires.

La fonction SOMME

C'est de loin la formule la plus basique dans Excel. Comme son nom l'indique, cette fonction vous donne le résultat d'une addition de valeurs numériques. Elle s'articule comme suit : =SOMME(cellules à additionner).

- S'il s'agit de plusieurs cellules isolées, séparez-les par le signe « ; ».
- S'il s'agit d'une plage de cellules, notez-la ainsi : première cellule:dernière cellule.
- S'il s'agit d'une colonne/ligne, exprimez-la comme suit : lettre/numéro d'en-tête:lettre/numéro d'en-tête.

Illustration par l'exemple

La formule =SOMME(A2;B13;C24) calcule la somme des cellules A2, B13 et C24.

La formule =SOMME(A6:A18) vous donnera la somme de toutes les cellules situées entre A6 et A18.

La formule =SOMME(A:A) établit la somme de toutes les cellules de la colonne A.

Vous pouvez aussi utiliser le bouton « Somme automatique » dans la barre d'outils.

La fonction SI

Elle vous permet d'intégrer une logique dans vos calculs, en vérifiant si une condition est respectée ou non. Vous pouvez renvoyer à une certaine valeur si l'affirmation est vraie, et à une autre, si l'affirmation est fausse. Elle s'articule comme suit : =SI(condition à vérifier;"valeur si vrai";"valeur si faux").

Pour exprimer la condition à vérifier, plusieurs opérateurs de comparaison sont disponibles :

- = est égal à ;
- > est supérieur à ;
- >= est supérieur ou égal à ;

- < est inférieur à ;
- <= est inférieur ou égal à ;
- <> est différent de.

> **Illustration par l'exemple**
>
> Les enfants de moins de quatre ans ne sont pas admis à l'attraction.
> Nous vérifions donc si la valeur de la colonne B (l'âge) est supérieure
> ou égale à 4. Si c'est le cas, le résultat sera OK ; si ce n'est pas le cas,
> le résultat sera non admis.
>
> | C2 | | f_x | =SI(B2>=4;"OK";"non admis") |
> |---|---|---|---|
>
> | | A | B | C |
> |---|---|---|---|
> | 1 | **Nom** | **Âge** | **Autorisation** |
> | 2 | **Noah** | 3,5 | non admis |
> | 3 | **Chloé** | 5,5 | OK |
> | 4 | **Diego** | 4 | OK |
>
> À cet effet, nous entrons la formule =SI(B2>=4;"OK";"non admis")
> dans C2. Nous la copions ensuite jusque C4 via la poignée de reco-
> pie : Excel ajuste automatiquement la référence relative B2 en B3
> et B4.

La fonction SOMME.SI

Elle combine les fonctions SOMME et SI pour additionner des
valeurs qui partagent un critère commun. En effet, face à une
importante quantité de données, la sélection manuelle des cellules
à additionner peut s'avérer longue et peu sûre. La fonction SOMME.
SI vous fait alors gagner un temps précieux et exclut tout risque
d'erreur. Elle s'articule comme suit : =SOMME.SI(plage de cellules
où rechercher le critère;"critère à rechercher";plage de cellules
à additionner).

Illustration par l'exemple

B11	fx =SOMME.SI(B2:B9;"Rouge";C2:C9)	
	A	B	C
1	**Nom**	**Équipe**	**Points**
2	**Olivier**	Rouge	3
3	**Françoise**	Jaune	5
4	**Ghislaine**	Rouge	4
5	**Jesica**	Jaune	2
6	**Jean-Marie**	Jaune	1
7	**Christophe**	Jaune	5
8	**Johan**	Rouge	3
9	**Sandra**	Rouge	0
10			
11	**Points équipe rouge**	10	

La formule =SOMME.SI(B2:B9;"Rouge";C2:C9) calcule le nombre de points marqués uniquement par l'équipe rouge.

La fonction SOMME.SI.ENS

Il est possible d'obtenir la somme de valeurs partageant non pas un, mais plusieurs critères communs. Tel est le but de la fonction SOMME.SI.EN. Elle s'articule comme suit : =SOMME.SI.ENS(plage de cellules à additionner;plage où rechercher le critère 1;"critère 1 à rechercher";plage où rechercher le critère 2;"critère 2 à rechercher").

Illustration par l'exemple

C11		f_x	=SOMME.SI.ENS(D:D;B:B;"Homme";C:C;"Rouge")	
	A	**B**	**C**	**D**
1	Nom	Sexe	Équipe	Points
2	Olivier	Homme	Rouge	3
3	Françoise	Femme	Jaune	5
4	Ghislaine	Femme	Rouge	4
5	Jesica	Femme	Jaune	2
6	Jean-Marie	Homme	Jaune	1
7	Christophe	Homme	Jaune	5
8	Johan	Homme	Rouge	3
9	Sandra	Femme	Rouge	0
10				
11	Points homme équipe rouge		6	

La formule =SOMME.SI.ENS(D:D;B:B;"Homme";C:C;"Rouge") établit la somme des points obtenus par les hommes (critère 1) de l'équipe rouge (critère 2).

La fonction NB.SI

Elle fait partie des plus élémentaires de la catégorie statistiques. Elle vous permet de calculer le nombre de fois qu'une donnée répondant à un certain critère apparaît dans votre tableau. Elle s'articule comme suit : =NB.SI(plage où rechercher le critère;"critère à rechercher").

Illustration par l'exemple

C11		f_x	=NB.SI(B2:B9;"Homme")	
	A	**B**	**C**	**D**
1	Nom	Sexe	Équipe	Points
2	Olivier	Homme	Rouge	3
3	Françoise	Femme	Jaune	5
4	Ghislaine	Femme	Rouge	4
5	Jesica	Femme	Jaune	2
6	Jean-Marie	Homme	Jaune	1
7	Christophe	Homme	Jaune	5
8	Johan	Homme	Rouge	3
9	Sandra	Femme	Rouge	0
10				
11	Nombre hommes		4	

Dans l'exemple précédent, la fonction =NB.SI(B2:B9;"Homme") vous donnera le nombre d'hommes.

Les fonctions MOYENNE, MAXIMUM et MINIMUM

Comme son nom l'indique, la fonction MOYENNE établit directement la moyenne d'une série de valeurs. Il suffit de renseigner ces valeurs entre les parenthèses de la formule =MOYENNE().

Les fonctions MAXIMUM et MINIMUM vous évitent des recherches fastidieuses pour repérer la valeur la plus grande ou la plus petite parmi une importante quantité de données. Elles s'expriment respectivement comme suit : =MAX() et =MIN(). Renseignez entre les parenthèses la plage de cellules sur laquelle vous souhaitez appliquer la recherche.

La fonction =AUJOURDHUI

Elle génère automatiquement la date du jour. Même sans paramètre supplémentaire, cette fonction s'avère pratique, puisqu'elle vous évite de devoir actualiser manuellement la date du jour dans un document que vous utilisez régulièrement. Mais elle peut surtout se révéler d'une grande utilité lorsqu'il s'agit de calculer un intervalle de temps ou une échéance.

Illustration par l'exemple

	C2		f_x	=SI(A1>B2;"échu";"non échu")	

	A	B	C
1	Date du jour	Date échéance	Statut
2	14/06/2015	1/05/2015	échu

Dans cet exemple, la formule =SI(A2>B2;"échu";"non échu") nous permet de savoir si la date d'échéance est dépassée. Excel affiche la valeur échue dès le lendemain de la date d'échéance.

La fonction JOURS

S'il est possible de déterminer l'intervalle de temps entre une date et la date du jour en utilisant la fonction AUJOURDHUI, la fonction JOURS sert précisément à calculer le nombre de jours séparant deux dates. Elle s'articule comme suit : =JOURS("date de fin";"date de début").

Illustration par l'exemple

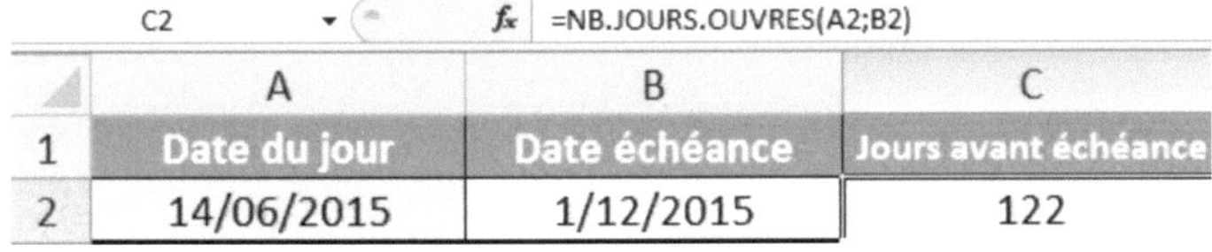

	A	B	C
	C2	fx	=NB.JOURS.OUVRES(A2;B2)
1	Date du jour	Date échéance	Jours avant échéance
2	14/06/2015	1/12/2015	122

Ici, la formule =JOURS(B2;A2) calcule le nombre de jours séparant la date B2 de la date du jour.

Les fonctions RECHERCHEV et RECHERCHEH

La première, RECHERCHEV permet de récupérer une information dans un tableau ou une plage de données verticalement. Cette opération réalisée manuellement peut être extrêmement chronophage si les données sont nombreuses. Elle se note comme suit : =RECHERCHEV(valeur cherchée;Tableau;No_index_lig;valeur proche).

Illustration par l'exemple

La formule =RECHERCHEV(E2;A1:B13;2;FAUX) nous permet de trouver les dates de naissance de certains employés et de les importer dans un nouveau tableau.

- E2 : le critère que l'on recherche, ici le nom de l'employé Robert.
- A1:B13 : la plage de données dans laquelle on veut faire la recherche.
- 2 : le numéro de la colonne qui contient les données à afficher (ici les dates de naissance).
- FAUX : demande le résultat exact, et non la valeur la plus proche. Pour la valeur proche, notez « VRAI ».

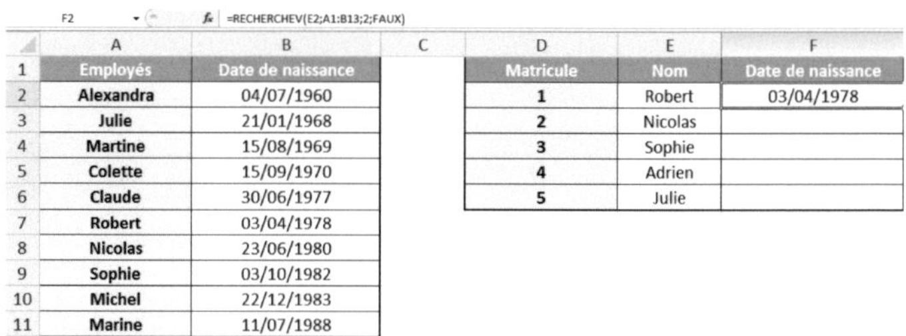

F2		=RECHERCHEV(E2;A1:B13;2;FAUX)				
	A	B	C	D	E	F
1	Employés	Date de naissance		Matricule	Nom	Date de naissance
2	Alexandra	04/07/1960		1	Robert	03/04/1978
3	Julie	21/01/1968		2	Nicolas	
4	Martine	15/08/1969		3	Sophie	
5	Colette	15/09/1970		4	Adrien	
6	Claude	30/06/1977		5	Julie	
7	Robert	03/04/1978				
8	Nicolas	23/06/1980				
9	Sophie	03/10/1982				
10	Michel	22/12/1983				
11	Marine	11/07/1988				
12	Valentin	10/10/1989				
13	Adrien	20/05/1990				

Après avoir sélectionnée et inscrit les noms des autres employés dont nous aimerions obtenir la date de naissance dans la colonne E, il suffit d'utiliser la poignée de recopie pour appliquer la formule sur les autres lignes. Utilisez le signe « $ » afin que la formule reste la même et ne se décale pas vers le bas.

F2   ▾ (fx =RECHERCHEV(E2;$A$1:$B$13;2;FAUX)

	A	B	C	D	E	F
1	Employés	Date de naissance		Matricule	Nom	Date de naissance
2	Alexandra	04/07/1960		1	Robert	03/04/1978
3	Julie	21/01/1968		2	Nicolas	23/06/1980
4	Martine	15/08/1969		3	Sophie	03/10/1982
5	Colette	15/09/1970		4	Adrien	20/05/1990
6	Claude	30/06/1977		5	Julie	21/01/1968
7	Robert	03/04/1978				
8	Nicolas	23/06/1980				
9	Sophie	03/10/1982				
10	Michel	22/12/1983				
11	Marine	11/07/1988				
12	Valentin	10/10/1989				
13	Adrien	20/05/1990				

La fonction RECHERCHEH s'utilise de la même façon, mais horizontalement.

La fonction PREVISION

Comme son nom l'indique, elle prédit une valeur par rapport à celles déjà renseignées. Elle se présente ainsi : =PREVISION(cellule dont vous souhaitez avoir les prévisions;la plage de cellules concernant les données connues;la plage de cellules indépendantes).

Illustration par l'exemple

F2   ▾ (fx =PREVISION(F1;B2:E2;B1:E1)

	A	B	C	D	E	F
1		2011	2012	2013	2014	2015
2	Ventes livres n°1	121	614	326	725	827,5
3	Ventes livres n°2	310	436	523	623	
4	Ventes livres n°3	420	678	678	469	
5	Ventes livres n°4	256	465	875	578	

Dans cet exemple, la formule =PREVISION(F1;B2:E2;B1:E1) prévoit les ventes du livre N° 1 pour 2015 en fonction de celles des autres années.

UN CRAN PLUS HAUT

Vous êtes désormais capable de vous débrouiller grâce aux bases abordées plus haut. Passez à la vitesse supérieure avec ces quelques fonctionnalités supplémentaires.

Les graphiques

Faciles à utiliser, ils permettent de représenter et de visualiser vos données. Pour les créer, cliquez dans « Insertion » puis « Graphiques » et choisissez le modèle qui vous convient.

Illustration par l'exemple

Sélectionnez les données que vous souhaitez afficher sous forme de graphique. Une fois la mise en forme choisie (parmi toutes celles proposées par le logiciel), le graphique apparaît sur votre feuille. Vous pouvez le déplacer, lui donner une autre forme, y insérer des couleurs et ajouter un titre et une légende (via l'onglet « Disposition »).

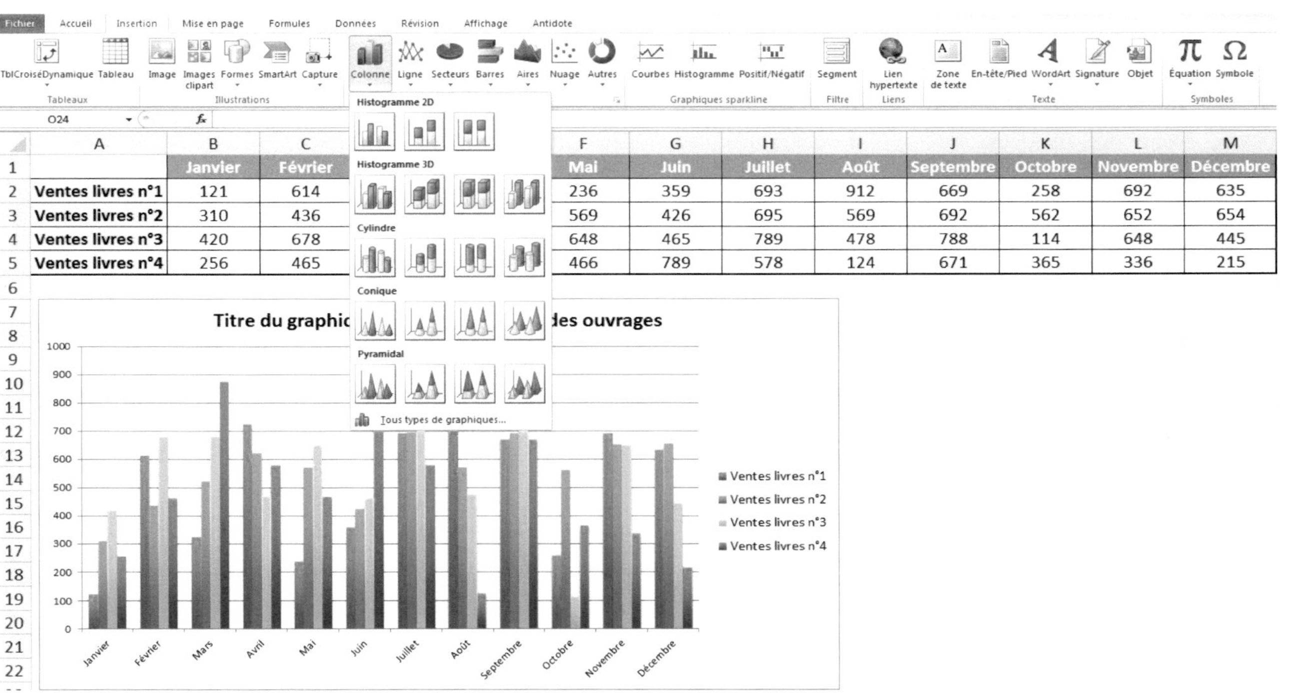

	A	B Janvier	C Février	F Mai	G Juin	H Juillet	I Août	J Septembre	K Octobre	L Novembre	M Décembre
2	Ventes livres n°1	121	614	236	359	693	912	669	258	692	635
3	Ventes livres n°2	310	436	569	426	695	569	692	562	652	654
4	Ventes livres n°3	420	678	648	465	789	478	788	114	648	445
5	Ventes livres n°4	256	465	466	789	578	124	671	365	336	215

La mise en forme conditionnelle (MFC)

Très pratique, elle met en évidence certaines informations plus importantes que d'autres. Sélectionnez vos données, puis dans l'onglet « Accueil » cliquez sur « Mise en forme conditionnelle ». Il existe déjà des modèles de MFC, mais vous pouvez aussi en créer de nouvelles en utilisant des formules.

Illustration par l'exemple

Dans cet exemple, il est question de faire ressortir les ventes supérieures à 500. Cliquez sur Mise en forme conditionnelle\Règle de surbrillance des cellules\Supérieur à, puis inscrivez le chiffre 500.

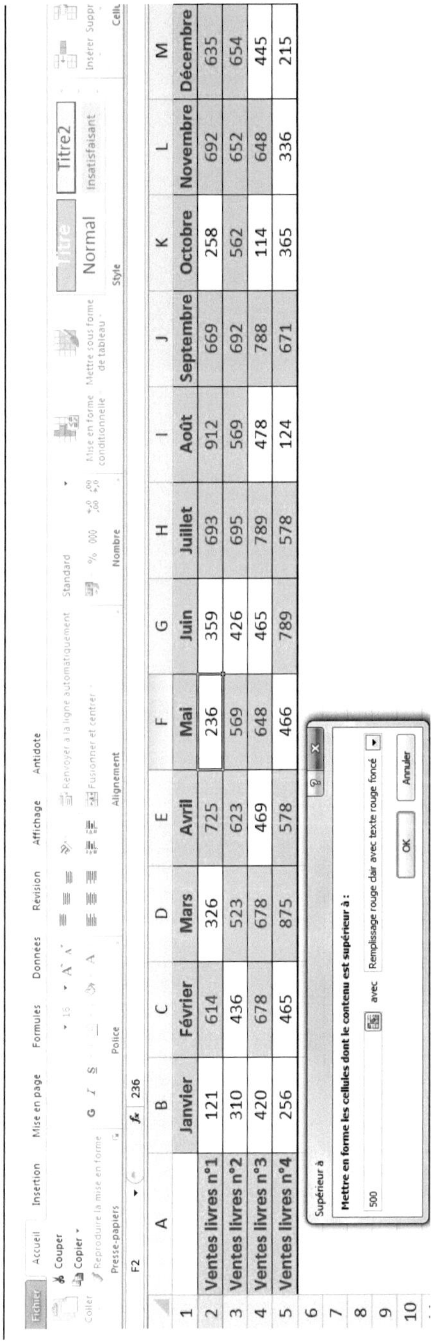

	A	B	C	D	E	F	G	H	I	J	K	L	M
1		Janvier	Février	Mars	Avril	Mai	Juin	Juillet	Août	Septembre	Octobre	Novembre	Décembre
2	Ventes livres n°1	121	614	326	725	236	359	693	912	669	258	692	635
3	Ventes livres n°2	310	436	523	623	569	426	695	569	692	562	652	654
4	Ventes livres n°3	420	678	678	469	648	465	789	478	788	114	648	445
5	Ventes livres n°4	256	465	875	578	466	789	578	124	671	365	336	215
6													
7													
8													
9													
10													

Les tableaux croisés dynamiques

Un peu plus difficiles à manipuler, ces tableaux vous permettent de regrouper et de croiser un ensemble de données.

Illustration par l'exemple

Sélectionnez vos données puis allez dans l'onglet « Insertion » et cliquez à gauche sur « Tableau croisé dynamique ». Une fenêtre apparaît, cliquez sur sélectionner un tableau ou une plage et choisissez l'emplacement de votre nouveau tableau, sur la même feuille ou sur une nouvelle.

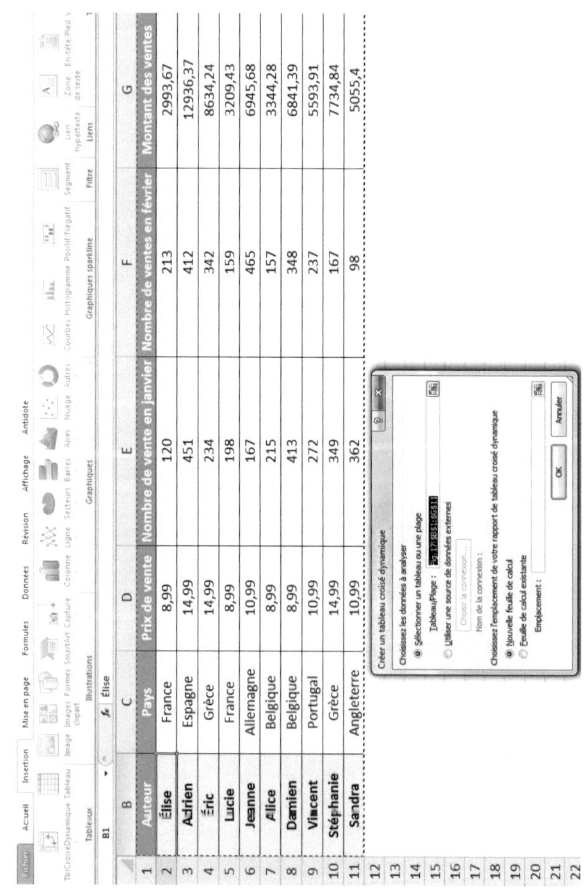

Dans la feuille où apparaît votre tableau croisé dynamique, choisissez, à droite, les champs à inclure. Les données apparaissent au fur et à mesure que vous les sélectionnez. Vous pouvez les supprimer ou les changer de place, les mettre en abscisse ou en ordonnée.

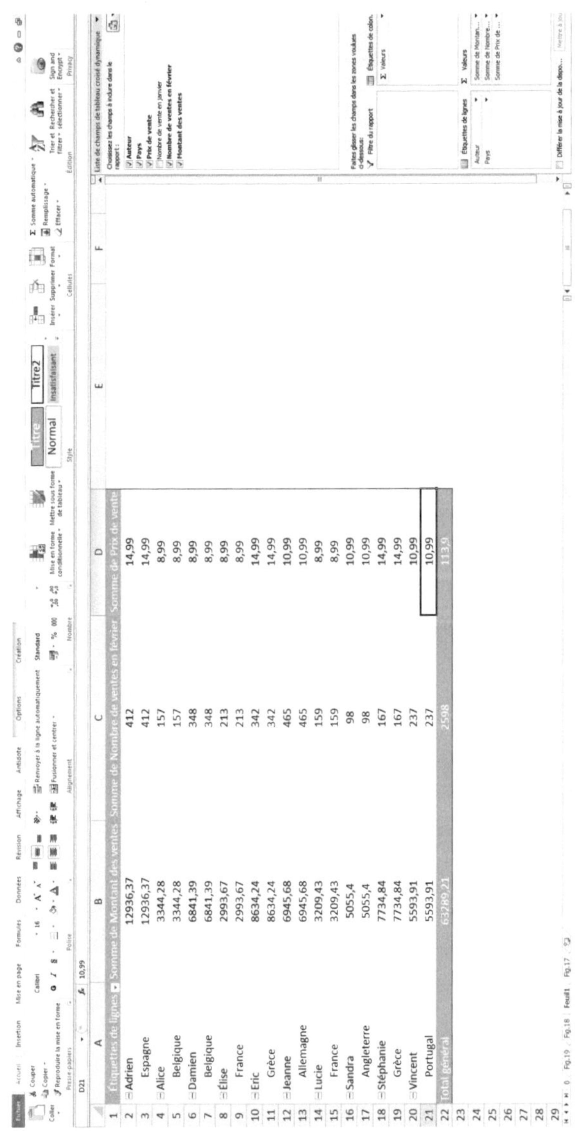

Dans cet exemple, les informations mises en avant sont les ventes des ouvrages. Elles sont triées par auteur. À vous de choisir les informations qui vous intéressent et de mettre les autres de côté.

TOP CONSEILS

- **Une interface sur mesure**. Une fois familiarisé à l'interface d'Excel, prenez le temps de vous l'approprier. Vous pouvez notamment personnaliser les deux bandeaux mis à votre disposition : le ruban et la barre d'outils Accès rapide. Créez des raccourcis vers vos commandes favorites, masquez celles que vous n'utilisez (quasiment) pas, organisez et créez vos propres menus. Vous gagnerez ainsi un temps considérable, tout en augmentant votre confort de travail ! Les options « Personnaliser le ruban » et « Personnaliser la barre d'outils Accès rapide » sont disponibles via un clic droit à n'importe quel endroit du ruban.

- **Optimisez votre espace de travail**. S'il est intéressant de disposer d'un tas d'outils à portée de clic, une fenêtre épurée présente aussi ses avantages en termes de clarté. Suivant cette logique, vous pouvez décider de masquer le ruban de votre feuille de calcul. À cet effet, double-cliquez sur l'un des onglets du ruban ou cliquez sur la petite flèche à son extrême droite.

- **Une feuille supplémentaire vaut parfois mieux qu'un long tableau !** Avec les 16 384 colonnes et 1 048 576 lignes mises à votre disposition, vous pourriez vous interroger sur la nécessité d'ajouter des feuilles de calcul à votre classeur Excel. Et pourtant, l'utilisation de plusieurs feuilles est recommandée pour une question à la fois d'organisation et de lisibilité. Il est en effet bien plus commode de rassembler des données de même type dans un tableau concis que de les noyer dans une multitude de cellules.

- **Prudence est mère de sûreté !** En raison de la quantité de données qu'il traite, un fichier Excel se révèle parfois assez gourmand en mémoire vive, ralentissant ainsi les processus de votre ordinateur. Aussi n'est-on jamais à l'abri d'une défaillance du système (le programme qui refuse de répondre, par exemple). Pensez dès lors à enregistrer régulièrement votre travail pour éviter de perdre vos données ou utilisez la sauvegarde automatique.

- **Ordre et méthode.** Soyez toujours vigilant lors de l'enregistrement de vos fichiers. Attribuez un nom pertinent à vos documents pour éviter de les confondre. Veillez également à stocker vos fichiers à un emplacement logique, de manière à les retrouver facilement par la suite.

- **Méfiez-vous des apparences !** Gardez toujours à l'esprit qu'une cellule ne reflète pas forcément son contenu réel. Il se peut qu'elle n'affiche que le résultat d'une formule, par exemple, ou encore le début d'un texte long. Référez-vous systématiquement à la zone de contenu pour savoir réellement ce à quoi vous avez affaire.

- **Mettez-vous à l'abri des fautes de frappe.** Évitez de taper l'adresse des cellules au clavier et recourez au maximum à la technique du pointage lors de la création de vos formules. Vous gagnerez du temps, tout en réduisant les erreurs de saisie.

- **Pas de gâchis !** Exploitez autant que possible l'espace mis à votre disposition lors de la conception de vos tableaux : ne laissez pas de cellules vierges et ne sautez pas des lignes/colonnes sans raison, quitte à jouer avec la taille des cellules. Vous éviterez par la même occasion d'occuper inutilement de la mémoire vive.

FAQ

COMMENT TRIER LES DONNÉES D'UN TABLEAU EXCEL ?

Une fois votre tableau de données rempli, vous pouvez structurer ce dernier en appliquant un tri à une ou plusieurs colonnes.

À cet effet, cliquez tout simplement sur le bouton « Trier » dans l'onglet « Données ». Une boîte de dialogue s'ouvre, vous permettant de spécifier vos critères de tri : la colonne sur laquelle porte le tri ainsi que l'ordre de tri respecté (alphabétique ou numérique, croissant ou décroissant) par exemple. Ajoutez d'autres caractéristiques via le bouton « Ajouter un niveau ».

COMMENT FILTRER LES DONNÉES D'UN TABLEAU EXCEL ?

La recherche d'une donnée spécifique peut s'avérer laborieuse si votre tableau en contient une importante quantité, c'est pourquoi Excel vous offre la possibilité de n'afficher que les informations qui vous intéressent en appliquant un filtre à vos lignes et colonnes.

Pour ce faire, cliquez sur le bouton « Filtrer » dans l'onglet « Données ». De petites flèches viennent s'ajouter à chacun de vos en-têtes de colonne. Cliquez sur celles-ci : les différents intitulés de vos tableaux sont automatiquement triés, et vous avez la possibilité de cocher ceux qui vous intéressent et de décocher ceux que vous souhaitez masquer. La recherche est ainsi nettement simplifiée.

POURQUOI EXCEL N'AFFICHE-T-IL PAS CORRECTEMENT LES DATES ?

Pour établir des calculs, Excel considère les dates comme des numéros de série, la référence étant le 1er janvier 1900 (numéro de série 1). Il vous est possible de paramétrer l'affichage de la date pour lui attribuer un format de date traditionnel, jour/mois/année, par exemple.

Pour modifier le format d'une cellule, suivez le chemin Accueil\Cellules\Format\Format de cellule. C'est également à cet endroit que vous pourrez configurer des modèles d'affichage comme le nombre de décimales d'une valeur numérique, un symbole monétaire ou encore un pourcentage.

COMMENT PERSONNALISER LES CELLULES DANS EXCEL ?

Outre son format (c'est-à-dire son mode d'affichage), une cellule dispose également d'un style qui lui est propre. Vous lui conférez une certaine apparence au moyen de différents attributs tels que la police, la couleur, les bordures ou encore l'alignement.

Vous trouverez la majorité de ces éléments de personnalisation sous l'onglet « Accueil » du ruban, dans les groupes Police, Alignement et Style.

PETIT PLUS

Excel vous offre plusieurs possibilités de mise en forme automatique afin de soigner la présentation de vos données tout en gagnant un maximum de temps. Parcourez les différents modèles de tableaux et de cellules proposés via les boutons « Mettre sous forme de tableau » et « Styles de cellules » du groupe « Style » (onglet Accueil).
Un autre bouton très utile : « Reproduire une mise en forme » dans le groupe « Presse-Papiers » vous permet de calquer directement le style d'une cellule sur une autre.

POURQUOI EXCEL AFFICHE-T-IL #### DANS UNE CELLULE ?

Si vous voyez apparaître une série de #### dans votre tableau, c'est probablement que vos colonnes ne sont pas assez larges pour laisser apparaître leur contenu.

Vous pouvez adapter automatiquement la largeur des colonnes en sélectionnant celles-ci et en double-cliquant sur le trait séparant deux en-têtes de colonne. Vous pouvez également faire glisser ce trait de séparation jusqu'à la taille de votre choix. Une troisième option consiste à sélectionner les cellules à redimensionner, puis à paramétrer la largeur en suivant le chemin Accueil\Format\Largeur de colonne. La même procédure vaut pour le réglage de la hauteur de la ligne.

PEUT-ON FIGER DES LIGNES ?

Rien de plus simple que de figer une ligne ou une colonne afin qu'elle reste visible lorsque vous vous déplacez dans votre feuille. Cliquez sur Affichage\Figer les volets\Figer la ligne supérieure ou Figer la première colonne.

COMMENT S'ARRÊTER EN COURS DE SAISIE D'UNE FORMULE ?

Si vous souhaitez annuler une saisie en cours de route (parce que vous avez par exemple inséré une erreur), appuyez sur la touche Esc du clavier ou Ctrl + Z. Cette action rétablira le contenu de la cellule antérieur à la frappe.

PEUT-ON SÉCURISER LES DONNÉES D'UN DOCUMENT EXCEL ?

Il est tout à fait possible de protéger les données de votre document Excel, à des fins de confidentialité ou tout simplement pour éviter d'éventuelles maladresses typographiques. Pour protéger l'intégralité de votre feuille ou classeur, cliquez sur l'onglet « Révision » du ruban, sélectionnez « Protéger la feuille/le classeur » et définissez un mot de passe.

Vous pouvez, par ailleurs, protéger le contenu d'une cellule individuelle via le chemin suivant : Accueil\Format\Format de cellule\Protection. À noter que la cellule ne sera effectivement verrouillée qu'une fois la feuille de calcul protégée. Procédez de la même manière pour masquer une cellule.

À VOUS DE JOUER !

Vous voici désormais familiarisé au tableur de Microsoft Office. Du moins, en théorie ! Il reste maintenant à mettre la théorie en pratique. Consolidez vos nouveaux acquis sur les formules et fonctions dans Excel grâce aux six exercices proposés ci-dessous. Les solutions se trouvent en fin de questionnaire.

TESTEZ VOS CONNAISSANCES

Exercice 1

Calculez l'acompte de 10 % versé par chaque personne, puis le solde restant dû. Exprimez les résultats en €, avec deux décimales.

	A	B	C	D
1	Nom	Total commande	Acompte	Solde restant dû
2	Olivier	2.500,00 €		
3	Jean-Marie	400,00 €		
4	Françoise	480,00 €		
5	Ghislaine	790,00 €		
6	Total			

Exercice 2

Calculez la moyenne de chaque élève, d'abord sur 20, puis sur 100. Repérez ensuite la meilleure note sur l'ensemble des élèves, toutes matières confondues.

	A	B	C	D
1		Jessica	Olivier	Christophe
2	Français	16	9	13
3	Mathématiques	13	11	15
4	Histoire	18	8	13
5	Géographie	14	12	16
6	Sciences	13	10	12
7	Moyenne (sur 20)			
8	Moyenne (%)			
9	Meilleure note			

Exercice 3

Calculez le meilleur temps sur l'ensemble des coureurs. Calculez ensuite l'écart par rapport à ce temps pour chaque coureur. Vos réponses doivent contenir une décimale.

Attention : le meilleur temps ne variera pas d'une cellule à l'autre (souvenez-vous des références absolues).

	A	B	C
1	Coureur	Temps (sec)	écart (sec)
2	Cédric	11,7	
3	Christophe	11,9	
4	Jean-Marie	10,9	
5	Johan	12,1	
6	Olivier	10,7	
7	Meilleur temps		

Exercice 4

Calculez le nombre de jours qu'il reste avant le lancement des projets suivants.

Attention : la date du jour ne variera pas d'une cellule à l'autre…

	A	B	C	D
1	**Projet**	**Date de lancement**	**Jours restants**	**Date du jour**
2	1	1/01/2017		
3	2	1/01/2018		

Exercice 5

Vérifiez si les factures sont échues (statut échu) ou non (statut non échu). Indice : la date du jour sera alors supérieure à la date d'échéance.

	A	B	C	D
1	**Facture**	**Date échéance**	**Statut**	**Date du jour**
2	36	1/05/2015		
3	37	1/07/2015		
4	38	1/09/2015		
5	39	1/11/2015		
6	40	1/01/2016		

Exercice 6

Calculez le nombre de factures échues, puis le nombre de factures non échues. Calculez ensuite le montant des factures échues et enfin, celui des factures non échues.

	A	B	C	D	E	F
1	**Facture**	**Montant**	**Statut**		**Nombre de factures échues**	
2	37	6.842,00	échu		**Nombre de facture non échues**	
3	38	3.795,00	échu		**Montant total des factures échues**	
4	39	5.421,00	non échu		**Montant total des factures non échues**	
5						

SOLUTIONS

Exercice 1

- Entrez =B2*10 % dans C2
- Copiez C2 jusque C5 via la poignée de recopie (PR)
- Entrez =B2-C2 dans D2
- Copiez D2 jusque D5 via la PR
- Sélectionner B6
- Cliquez sur le bouton Somme automatique dans l'onglet « Formules », et validez avec Enter
- Copiez B6 jusque D6 via la PR
- Sélectionnez les colonnes B à D en cliquant sur leur en-tête
- Paramétrez € dans Accueil\Format\Format de cellule\Monétaire et fixez le nombre de décimales sur 2

Exercice 2

- Entrez =MOYENNE(B2:B6) dans B7
- Copiez B7 jusque D7 via la PR
- Entrez =B7*5 dans B8
- Copiez B8 jusque D8 via la PR
- Entrez =MAX(B2:D6)

Exercice 3

- Entrez =MIN(B2:B6) dans B7
- Entrez =B2-$B$7 dans C2
- Copiez C2 jusque C6 via la PR
- Sélectionnez la colonne C en cliquant sur son en-tête
- Paramétrez le nombre de décimales sur 1 dans Accueil\Format\Format de cellule\Nombre

Exercice 4

- Entrez =AUJOURDHUI() dans D2
- Entrez =JOURS(B2;$D$2) dans C2
- Copiez C2 vers C3 via la PR

Exercice 5

- Entrez =AUJOURDHUI() dans D2
- Entrez =SI($D$2>B2;"échu";"non échu") dans C2
- Copiez C2 jusque C6 via la PR

Exercice 6

- Entrez =NB.SI(C2:C4;"échu") ou =NB.SI(C:C;"échu") dans F1
- Entrez =NB.SI(C2:C4;"non échu") ou =NB.SI(C:C;"non échu") dans F2
- Entrez =SOMME.SI(C2:C4;"échu";B2:B4) ou =SOMME.SI(C:C;"échu";B:B) dans F3
- Entrez =SOMME.SI(C2:C4;"non échu";B2:B4) ou =SOMME.SI(C:C;"non échu";B:B) dans F4
- Sélectionnez F3 et F4
- Paramétrez € dans Accueil\Format\Format de cellule\Monétaire et fixez le nombre de décimales sur 2

POUR ALLER PLUS LOIN

SOURCES BIBLIOGRAPHIQUES

- Azed, « Astuces et tutoriels MS Excel. Trucs et Astuces Excel, bien expliqués et bien illustrés », *in MS Excel,* avril 2015, consulté le 25 juillet 2015.

  http://www.officepourtous.com/ms-excel/
- Benchmark Group, « Excel. Fiches pratiques » in *Encyclo Pratique*, juillet 2015, consulté le 25 juillet 2015.

  http://www.linternaute.com/hightech/encyclo-pratique/informatique/logiciels/excel/
- Carlier (Alexandre), « Comment devenir un pro d'Excel ? Les 10 10 formules magiques ! », in *Softonic*, octobre 2014, consulté le 25 juillet 2015.

  http://articles.softonic.fr/les-10-formules-magiques-dexcel
- « Excel. Organisez vos données. Présentation de Microsoft Office Excel 2013 », in *Products Office*, consulté le 25 juillet 2015.

  https://products.office.com/fr-ch/excel
- « Exercices Excel Niveau 1 » in *Learning-Center*, consulté le 25 juillet 2015.

  http://www.learning-center.ch/excel.html
- Harvey (Greg), *Excel 2010 pour les Nuls*, Paris, Éditions First, 2010.
- Lemainque (Fabrice), *Tout pour bien utiliser Excel 2010*, Paris, Dunod, 2010.
- Pillou (Jean-François), « Tableur – Comment l'utiliser », in *CommentCaMarche.net*, mai 2015, consulté le 25 juillet 2015.

  http://www.commentcamarche.net/contents/excel-tableur-1992167239

SOURCES COMPLÉMENTAIRES

- « Aide en ligne sur la suite Microsoft Office 365 », in *Support technique Office*, site créé en 2015.
  https://support.office.com/fr-fr/home
- MATHIER (Sébastien), « Cours Excel 2010 gratuit », in *Excel-Pratique*, site créé en 2004.
  http://www.excel-pratique.com/fr/cours.php

50MINUTES
Art & Littérature
Business & Econom
Histoire & Société
Gestion & Marketing | numéro 9
LA PYRAMIDE DES BESOINS DE MASLOW
Pourquoi faut-il comprendre les besoins du client ?
Grandes Batailles | numéro 26
LA GUERRE DU KIPPOUR
Le conflit à l'origine du premier choc pétrolier
LE CARAVAGE
ET LES JEUX DE LUMIÈRE

www.50minutes.com

Éditeur responsable : Lemaitre Publishing
Rue Lemaitre 6 | BE-5000 Namur
info@lemaitre-editions.com

ISBN ebook : 978-2-8062-6470-1
ISBN papier : 978-2-8062-6480-0
Dépôt légal : D/2015/12603/221
Photo de couverture : © Minerva Studio

Conception numérique : Primento,
le partenaire numérique des éditeurs